Meine schöne Kommunion

Ein großer Festtag steht an: Die Erstkommunion Ihres Kindes! Und da man ja die Feste feiern soll, wie sie fallen, sind Sie gewiss schon – zumindest in Gedanken – mit den Vorbereitungen beschäftigt. Dieses Buch will Ihnen helfen, mit schönen Karten und praktischen Textvorschlägen angemessen einzuladen und sich zu bedanken. Außerdem finden Sie hier schnelle, aber sehr wirkungsvolle Ideen, den Tisch schön zu gestalten, sowie Anregungen z.B. für Kerzen, für Dankesgeschenke für die Gäste oder für ein Erinnerungsalbum, in dem Sie die Fotos dieses großen Tages für Ihr Kind aufbewahren können.

Ich wünsche Ihnen und natürlich vor allem dem Kommunionkind einen gelungenen, harmonischen Festtag!

Helene Ludwig

Die Motive lassen sich in folgende Schwierigkeitsgrade unterteilen:

● ○ ○ einfach ● ● ○ etwas schwieriger ● ● ● anspruchsvoll

GRUNDAUSSTATTUNG

Die folgenden Werkzeuge und Hilfsmittel sollten Sie zur Hand haben; sie werden in den Materiallisten nicht mehr gesondert aufgeführt.

- große Schere
- Nagel- oder Silhouettenschere
- evtl. Papierschneidemaschine
- Lineal
- Bleistift
- Radiergummi
- Kopierpapier in Weiß (das ist ganz gewöhnliches Schreibpapier)
- Bürolocher oder Lochzange
- Vorstechnadel

Hinweise: Soweit nicht anders angegeben, genügt pro Motiv ein Papierstück in der Größe A5.

Die Materialangaben beziehen sich immer auf ein Motiv.

Einige Hinweise

Doppelseitige Klebebänder: Es gibt im Fachhandel Klebebänder mit und ohne Schaum in unterschiedlichen Ausführungen. Sie sind empfehlenswert, da es mit ihnen keine Kleberfäden und unsaubere Stellen gibt. Die Papiere wellen sich nicht und es sind keine Trockenzeiten abzuwarten. Die Verwendung von Schaumklebebändern ermöglicht es, dreidimensionale Effekte zu erzielen.

Grammaturen zu den Bezeichnungen beim Papier:
Tonpapier 130 g/m²
Tonkarton 190 g/m² bis 220 g/m² (hierfür können auch Karten verwendet werden, so dass der Farbton exakt übereinstimmt)
Fotokarton 300 g/m²

Lochen: Bei manchen Modellen müssen Löcher gestanzt werden, um beispielsweise Bänder anzubringen. Meistens kann man dafür einen herkömmlichen Bürolocher verwenden. Es gibt im Fachhandel aber auch preiswerte kleine Lochzangen, mit denen gezieltes Lochen leichter fällt.

Papierstreifen: An vielen Karten werden umlaufende Papierstreifen angebracht. Diese werden befestigt, indem der Streifen auf die Rückseite oder die Innenseite der Karte gebogen und dort mit einem Klebeband fixiert wird.

Vorlagen übertragen: Um Vorlagen auf das entsprechende Papier zu übertragen, legen Sie einfach normales weißes Papier auf die Vorlage (siehe Seite 44) und fahren die Umrisse nach. Anschließend das Motiv entlang der Konturen ausschneiden, auf das gewünschte Papier legen und mit einem Bleistift umfahren. Ausschneiden und aufkleben – fertig!

So wird's gemacht

Embossing-Technik

Für das Stempeln mit Embossingeffekt benötigen Sie besondere Pigmentstempelkissen und Embossingpulver. Beides erhalten Sie im Bastelfachhandel.

1 Das Stempelgummi mit dem Stempelkissen gleichmäßig einfärben. Wichtig: Nicht mit viel Druck arbeiten, stattdessen mehrfach tupfen. Motiv oder Schriftzug aufstempeln.

2 Auf den noch feuchten Stempelabdruck großzügig Embossingpulver streuen. Es besteht kein Grund zur Eile, da die Pigmentfarbe nur sehr langsam trocknet.

3 Das überschüssige Pulver auf ein geknicktes Blatt Papier abschütteln. Darauf achten, dass keine Körnchen um das Motiv herum haften bleiben. Abhilfe schafft leichtes Schnippen gegen die Rückseite oder ein trockener Pinsel. Mithilfe der „Papierrinne" das Pulver zurück in die Dose schütten.

4 Das Motiv über einem Toaster erhitzen. Das feine Pulver verschmilzt zu erhabenen Konturen und einer reliefartigen Oberfläche mit Glanzeffekt. Zum Verschmelzen eignen sich auch Bügeleisen, Herdplatte oder die spezielle Heat Gun (im Fachhandel). Der Vorgang ist abgeschlossen, wenn die Pulverschicht glänzt bzw. nicht mehr körnig ist. Danach sollte das Motiv nicht mehr erhitzt werden, da die Pulverschicht sonst wieder flach wird.

Hinweis: Mit „stempeln" sind in den Anleitungen immer die Schritte 1 bis 4 der Embossing-Technik gemeint.

Strahlender Sonntag

→ für einen fröhlichen Tag

MATERIAL FÜR ALLE KARTEN
- Stempel „Kirche mit Sonne“
- Stempelkissen in Royalblau
- Embossingpulver in Weiß und Transparent
- doppelseitiges Schaumklebeband, 2 mm stark
- doppelseitiges, transparentes Klebeband

PRO EINLADUNG
- Stempel „Herzliche Einladung“
- Doppelkarte in Blau, B6
- Tonkarton in Blau-Weiß gestreift, 4,5 cm x 16,9 cm
- Tonkarton in Birkengrün, 8 cm x 8 cm
- Tonkarton in Blütenweiß, 8 cm x 8 cm
- Ripsband in Weiß, 6 mm breit, 50 cm lang
- Aquarellfarbe in Hellgrün, Rot und Gelb
- weicher Rundpinsel
- Einlegepapier: Transparentpapier in Hellgrün (Zuschnitt 16 cm x 22 cm)

PRO MENÜKARTE
- Stempel „Menü“
- Doppelkarte in Blütenweiß, DIN lang
- Tonkarton in Blau-Weiß gestreift, 4,5 cm x 21 cm
- Tonkarton in Blau, 8 cm x 8 cm
- Transparentpapier in Hellgrün (Zuschnitt 20 cm x 21 cm)
- Ripsband in Weiß und Blau, 6 mm breit, 40 cm lang

Einladung

1 Den Schriftzug auf die Karte stempeln (Embossingpulver in Weiß verwenden).

2 Mit dem transparenten Klebeband den gestreiften Tonkarton an den linken Rand der Kartenvorderseite kleben.

3 Das Motiv auf den blütenweißen Tonkarton stempeln (Embossingpulver in Transparent verwenden) und mit den Aquarellfarben kolorieren. Die Ränder des Tonkartonstücks wie abgebildet frei Hand leicht konkav zuschneiden und mit dem transparenten Klebeband auf den birkengrünen Karton kleben. Dessen Ränder ebenfalls leicht konkav zuschneiden, so dass nur ein schmaler Rand zu sehen bleibt.

4 Das fertige Motivteil mit Schaumklebeband auf der Karte anbringen.

5 Das beschriftete Transparentpapier in die Karte legen und das Band um die Einladungskarte knoten.

Menükarte

1 Von der Kartenvorderseite der Länge nach einen 2,5 cm breiten Streifen abschneiden. Den Schriftzug wie abgebildet aufstempeln (Embossingpulver in Transparent verwenden).

2 Mit dem transparenten Klebeband den gestreiften Tonkarton an den linken Rand kleben.

MENÜ
HERZLICHE
EINLADUNG

Strahlender Sonntag

3 Das Motiv auf den blauen Tonkarton stempeln (Embossingpulver in Weiß verwenden). Wie abgebildet die Ränder leicht konkav zuschneiden und das Schild mit Schaumklebeband auf der Karte befestigen.

4 Das beschriftete Transparentpapier in die Karte legen und die beiden Bänder befestigen. Dabei immer ein blaues und ein weißes Ende miteinander verknoten.

Sammelbox

1 Die Box mit der Acrylfarbe weiß anstreichen, den Deckel blau.

2 Den gestreiften Tonkarton wie abgebildet mit dem transparenten Klebeband auf die Box kleben, den überstehenden Rand an den oberen Kanten nach innen in die Schachtel klappen und dort ankleben. Dadurch liegt die Papierkante nicht frei. Sie würde durch das Öffnen und Schließen der Box sonst schnell abstoßen und unansehnlich werden.

3 Den Namen des Kommunionkindes und das Datum der Erstkommunion auf den Deckelrand schreiben.

4 Das Motiv wie bei der Einladungskarte beschrieben anfertigen und mit dem Schaumklebeband so unterhalb der Lücke zwischen Namen und Datum befestigen, dass das Band noch durchgefädelt werden kann. Je nach Länge des Namens kann die Lücke auch an einer anderen Stelle sein als abgebildet.

5 Schließlich die Bänder als dekorativen Verschluss um die Box knoten.

Tipp: Die Box ist als Aufbewahrungsbehältnis für alles gedacht, was an diesem wichtigen Tag so zusammenkommt: für Fotos, Glückwunschkarten und andere Erinnerungsstücke.

MATERIAL SAMMELBOX

- Pappmaché-Box, 26 cm x 18,5 cm x 13 cm
- Tonkarton in Blau-Weiß gestreift, 15 cm x 22 cm
- Tonkarton in Hellgrün, 9 cm x 9 cm
- Tonkarton in Weiß, 9 cm x 9 cm

- Stempel „Kirche mit Sonne"
- Stempelkissen in Royalblau
- Embossingpulver in Transparent
- doppelseitiges Schaumklebeband, 2 mm stark
- doppelseitiges, transparentes Klebeband
- Acrylfarbe in Blau und Weiß
- Aquarellfarbe in Hellgrün, Rot und Gelb
- Lackmalstift in Weiß, Strichstärke 1 mm bis 2 mm
- weicher Flachpinsel
- Dekoband in Weiß und Blau, 2,5 cm breit, je 80 cm lang

Kinderreich

→ mit süßem Dankeschön

MATERIAL FÜR ALLE KARTEN

- Stempel „Kinderreich"
- Stempelkissen in Raspberryrot
- Embossingpulver in Transparent
- doppelseitiges, transparentes Klebeband
- doppelseitiges Schaumklebeband, 1 mm und 2 mm stark
- Silberdraht, ø 0,3 mm
- Motivlocher „Sonne", ø 1,5 cm
- Rocailles in verschiedenen Rosatönen
- Tonkarton in Himbeer und Transparentpapier in Rosa (Sonnen ausstanzen)

PRO EINLADUNG

- Doppelkarte in Rosenholz, B6 quer
- Tonkarton in Himbeer, 8 cm x 12 cm
- Transparentpapier in Rosa, 8 cm x 20 cm
- Tonkarton in Weiß metallic, 5,5 cm x 11 cm
- Voileband in Rosa, 1,5 cm breit, 50 cm lang
- Einlegeblatt: Briefbogen in Weiß metallic (Zuschnitt 12 cm x 16,5 cm)

PRO MENÜKARTE

- Stempel „Menükarte"
- Doppelkarte in Weiß metallic, A5
- Transparentpapier in Rosa, 8 cm x 21 cm
- Tonkarton in Himbeer, 10 cm x 10 cm
- Tonkarton in Rosenholz, 7 cm x 10 cm
- Voileband in Rosa, 1,5 cm breit, 1 m lang
- Einlegeblatt: Transparentpapier in Rosa (Zuschnitt 20,5 cm x 29 cm)

Einladung

1 Das Motiv auf den weißen Tonkarton stempeln und die schmalen Kanten frei Hand schwungvoll konkav zuschneiden.

2 Den himbeerfarbenen Tonkarton mit transparentem Klebeband auf die Kartenvorderseite kleben.

3 Vom Transparentpapier die langen Kanten entlang einer Tischkante abreißen. Den Streifen über die Karte legen, die überstehenden Enden nach hinten knicken und auf den Rückseiten mit transparentem Klebeband befestigen.

4 Das Motiv mit 2 mm starkem Schaumklebeband anbringen.

5 Auf ein Stück Draht Perlen und ausgestanzte Sonnen fädeln. Die Enden durch die Kartenvorderseite stechen und auf der Innenseite miteinander verdrillen. Das beschriftete und zugeschnittene Innenpapier einlegen und das Voileband um die Karte knoten.

Menükarte

1 Den Streifen Transparentpapier wie abgebildet auf die Karte legen, den linken Rand nach hinten knicken und mit einem Streifen transparentem Klebeband auf der Rückseite fixieren.

LASST DIE KINDER ZU MIR KOMMEN UND VERBIETET ES IHNEN NICHT.
DENN IHNEN GEHÖRT DAS REICH GOTTES.
Markus 10, 14
LASST DIE KINDER ZU MIR KOMMEN UND VERBIETET ES IHNEN NICHT.
DENN IHNEN GEHÖRT DAS REICH GOTTES.
Markus 10, 14
MENÜKARTE

Strahlender Sonntag

2 Den Schriftzug an den unteren Rand des himbeerfarbenen Tonkartons stempeln und diesen mit 1 mm starkem Klebeband auf der Karte befestigen. Das Motiv auf den rosenholzfarbenen Karton stempeln, die Kanten des Kartons entlang einer Tischkante abreißen und diesen mit 2 mm starkem Klebeband über den Schriftzug kleben.

4 Auf ein Stück Draht Perlen und ausgestanzte Sonnen fädeln. Die Enden durch die Kartenvorderseite stechen und auf der Rückseite miteinander verdrillen.

5 Das beschriftete und zugeschnittene Transparentpapier einlegen und das Voileband um die Karte knoten.

Längliche Tafel

1 In die Mitte des Tonpapiers den Schriftzug stempeln. Wie abgebildet die Sonnen einstanzen.

2 Das Maulbeerpapier um die Schokoladentafel legen. Die Kanten sollten sich auf der Oberseite etwas überschneiden. Hier nun mit Schaumklebeband das Textschild anbringen. Das Stück Voileband so um die Schokolade knoten, dass es durch die linke Sonne läuft.

3 Ein persönlicher Gruß kann auf ein Stück Tonpapier in Weiß metallic (7 cm x 13 cm) geschrieben oder gedruckt werden, das zwischen Banderole und Schokolade geschoben wird.

Quadratische Tafel

1 Das Strukturpapier um die Schokolade legen. Das Satinband und das schmale Voileband je zweimal um die Tafel binden und auf der Vorderseite verknoten.

2 Aus dem breiten Voileband eine Schleife legen und diese mit dem schmalen Band festbinden. Den Blütenzweig mit dem Satinband befestigen. Die Bandenden nicht kürzen, sondern locker fallen lassen.

3 Die Karte beschriften und mit dem transparenten Kuvert zwischen Strukturpapier und Bänder stecken.

Tipp: Sind keine Doppelkarten in A7 erhältlich, verwenden Sie A6-Karten und falten Sie diese zur Doppelkarte.

MATERIAL LÄNGLICHE TAFEL

- längliche Schokoladentafel, 100 g
- Stempel „Danke“
- Stempelkissen in Raspberryrot
- Embossingpulver in Transparent
- Maulbeerpapier in Rosa, 14 cm x 20 cm
- Tonpapier in Weiß metallic, 4 cm x 13 cm
- Motivlocher „Sonne“, ø 1,5 cm
- Voileband in Rosa, 1,5 cm breit, 30 cm lang
- doppelseitiges Schaumklebeband, 2 mm stark

QUADRATISCHE TAFEL

- quadratische Schokoladentafel, 250 g
- Strukturpapier in Rosa, 7 cm x 35 cm
- Blütenzweig in Rosa, künstlich oder frisch
- Voileband in Rosa, 4 cm breit, 40 cm lang
- Voileband in Rosa, 1,5 cm breit, 70 cm lang
- Satinband in Rosa, 3 mm breit, 60 lang
- transparentes Kuvert in Weiß, A7
- Doppelkarte in Rosa, A7, oder Karte in Rosa, A6

250g
DANKE

Feierlich

Beschreibung
auf Seite 14/15

MATERIAL FÜR ALLE KARTEN

- Stempelkissen in Farblos
- Embossingpulver in Platin
- doppelseitiges, transparentes Klebeband
- doppelseitiges Schaumklebeband, 2 mm stark

PRO EINLADUNG

- Stempel „Einladung"
- Stempel „Fisch und Kelch"
- Doppelkarte in Bordeaux, B6
- CrushPaper in Weinrot metallic, 9 cm x 13 cm
- Tonkarton „Starlight" in Dunkelrot, 6 cm x 6 cm
- Tonkarton in Weiß, 6 cm x 7 cm
- Voileband in Bordeaux, 4 cm breit, 50 cm lang
- Einlegeblatt: Briefbogen in Weinrot (Zuschnitt 16,5 cm x 23 cm)

PRO MENÜKARTE

- Stempel „Menükarte"
- Stempel „Fisch und Kelch"
- Doppelkarte in Bordeaux, DIN lang
- Tonkarton in Weiß, 5,2 cm x 20,5 cm
- CrushPaper in Weinrot metallic, 4,5 cm x 20,5 cm
- Transparentpapier in Weiß, 7 cm x 7 cm
- Tonkarton „Starlight" in Dunkelrot, 6 cm x 7 cm
- Voileband in Bordeaux, 4 cm breit, 40 cm lang
- Einlegeblatt: Transparentpapier in Weiß, A4 (Zuschnitt 10 cm x 20 cm)

Feierlich

→ edel in Bordeaux

Einladung

1 Das Motiv auf den weißen Tonkarton stempeln, wie abgebildet ausschneiden und mit dem Schaumklebeband auf den dunkelroten Tonkarton kleben.

2 Den Schriftzug auf das CrushPaper stempeln, dann mit dem transparenten Klebeband auf die Kartenvorderseite kleben.

3 Auf der Rückseite des Motivteils in der oberen Hälfte einen Streifen Schaumklebeband anbringen und damit das Teil auf der Karte befestigen.

4 Das Einlegeblatt beschriften, zuschneiden und in die Karte legen. Das Band wie abgebildet anbringen.

Menükarte

1 Das Motiv auf den Tonkarton „Starlight" aufstempeln, wie abgebildet ausschneiden und mit Schaumklebeband auf das Transparentpapier kleben. Das Transparentpapier ebenfalls entlang des Motivs ausschneiden.

2 Den Schriftzug an den rechten Rand des CrushPapers stempeln. Die beiden Papierstreifen mit Klebeband auf der Karte befestigen.

3 Das Motivteil mit Schaumklebeband anbringen. Das Einlegepapier beschriften, zuschneiden und in die Karte legen. Das Band um die fertige Menükarte knoten.

Dankeskarte an Flasche

1 Das Motiv auf den dunklen Tonkarton stempeln, mit Abstand entlang der Konturen ausschneiden und auf den weinroten Tonkarton kleben. Den Schriftzug auf das Transparentpapier stempeln.

2 Das Transparentpapier und das CrushPaper an der Stelle zusammenheften, an der schließlich das Motivteil mit Klebeband befestigt wird.

3 Erst das breite Band um die Flasche knoten, dann das schmale. Das letztere zur Schleife binden und dabei die gelochte Dankeskarte festbinden.

4 In die Flasche beispielsweise einen selbstgekochten Beerensaft, Sirup oder einen hausgemachten Likör füllen.

Windlicht

1 Mit dem Lackmaler auf das Glas „Herzlichen Dank" schreiben und um den Schriftzug herum vier Strassfische aufkleben.

2 Etwas Dekosand in das Glas geben, das Skelettblatt und die Kerze hineinstellen.

Tipp: Statt des Dankeschöns können Sie auch den Namen eines Gastes auf das Glas schreiben und das Windlicht somit als Tischkarte benutzen.

PRO DANKESKARTE AN FLASCHE

- ovale Flasche, 30 cm hoch
- Voileband in Bordeaux, 4 cm breit, 40 cm lang
- Voileband in Rot, 1,5 cm breit, 40 cm lang
- Stempel „Dankeschön"
- Stempel „Fisch und Kelch" (3 cm hoch)
- CrushPaper in Weinrot metallic, 4 cm x 12 cm
- Transparentpapier in Weiß, 3,3 cm x 11,4 cm
- Tonkarton „Starlight" in Dunkelrot, 2,7 cm x 2,7 cm
- Tonkarton in Bordeaux, 2,5 cm x 3 cm
- Bürohefter

PRO WINDLICHT

- dickwandiges Glaswindlicht, 9 cm x 10 cm
- Stumpenkerze in Bordeaux, 5 cm x 6 cm
- grobkörniger Dekosand in Perlmuttweiß
- Skelettblatt in Bordeaux
- 4 Strasssticker „Fisch"
- Lackmalstift in Silber, Strichstärke 1 mm bis 2 mm

Frühlingsimpression

→ mit Margeriten

MATERIAL FÜR ALLE KARTEN

- Stempelkissen in Farblos
- Embossingpulver in Gold
- doppelseitiges, transparentes Klebeband
- doppelseitiges Schaumklebeband, 2 mm stark
- Bastelkleber

PRO EINLADUNG

- Stempel „Einladung zu meiner Kommunion"
- Doppelkarte in Lederoptik in Olivgrün, A5
- Tonkarton in Petrol, 5 cm x 21 cm
- Transparentpapier „Roma" in Weiß, 8 cm x 21 cm
- 4 Margeriten-Streublüten, ø 1,5 cm
- 4 Raindrops (Dekosteine) in Klar, ø 5 mm
- 5 flache Strasssteine in Opal, ø 6,5 mm
- Schneidematte und Skalpell
- Einlegeblatt: Briefbogen in Silber matt (Zuschnitt 20 cm x 29 cm)

PRO MENÜKARTE

- Stempel „Menü"
- Briefbogen in Lederoptik in Olivgrün, A4
- Transparentpapier in Weiß, 4,5 cm x 7 cm
- Sizoflor in Moosgrün, 8 cm breit, 50 cm lang
- Satinband in Petrol, 6 mm breit, 40 cm lang
- 2 flache Strasssteine in Opal, ø 6,5 mm

PRO DANKESKARTE

- Stempel „Herzlichen Dank"
- Tonkarton in Lederoptik in Olivgrün, A4
- Tonkarton in Petrol, 4 cm x 6 cm
- Transparentpapier „Roma" in Weiß, 6 cm x 17 cm
- Kreuz in Gold matt, 3 cm x 5 cm
- 2 Margeriten-Streublüten, ø 1,5 cm

Einladung

1 Von der Kartenvorderseite ungefähr ein Drittel in einem S-Schwung abschneiden. Es empfiehlt sich, dafür eine spezielle Schneidematte und ein scharfes Skalpell zu verwenden.

2 Den Schriftzug aufstempeln. Den petrolfarbenen Tonkarton mit dem transparenten Klebeband auf der Rückseite befestigen. Die Karte umdrehen und den Tonkarton im Abstand zur Schnittkante zurechtschneiden. Dabei muss die zweite Schnittkante keineswegs exakt parallel zur ersten verlaufen.

3 Das Transparentpapier ebenfalls mit Klebeband anbringen. Die einzelnen Aufklebeelemente beliebig verteilt mit Bastelkleber befestigen.

Menükarte

1 Den Schriftzug rechtsbündig auf das Transparentpapier stempeln. In die linke obere Ecke ein Loch stanzen.

2 Die Speisenabfolge auf den Briefbogen schreiben oder drucken, diesen zusammenrollen und das Sizoflorband darum knoten. Das Satinband um den Knoten knüpfen und daran das Textschild befestigen. Mit Bastelkleber die Strasssteine am Sizoflorband anbringen.

Dankeskarte

1 Den A4-Bogen quer halbieren und aus einer Hälfte eine Doppelkarte falten. In die rechte untere Ecke den Schriftzug stempeln. Das Transparentpapier längs über die Karte legen, die überstehenden Enden nach hinten knicken und mit transparentem Klebeband befestigen.

2 Das Kreuz mit Bastelkleber auf den petrolfarbenen Karton kleben und die Kanten rundum nachschneiden. Sie müssen nicht gerade, sondern können leicht konkav sein; das sieht sehr schwungvoll aus.

3 Das Motivteil mit Schaumklebeband anbringen. Die Margeriten mit Bastelkleber aufkleben.

Stilvolle Blumen

Beschreibung
auf Seite 20/21

Zacharias

Stilvolle Blumen

→ mit extravaganter Tischdeko

MATERIAL TISCHDEKO

- quadratische Glasschale, in vier Fächer unterteilt, 22 cm x 22 cm
- dickwandige Glaswindlichter, 9 cm x 10 cm
- Kerzen in Creme, 5 cm x 6 cm
- Kaffeebohnen
- verschiedene getrocknete Exotenfrüchte
- Quadrate aus verschiedenen Papieren in Creme, Elfenbein und Champagner, 15 cm x 15 cm
- Wachsperlen in Creme, ø 8 mm

MATERIAL FÜR ALLE KARTEN

- doppelseitiges, transparentes Klebeband, 3 mm breit
- doppelseitiges Schaumklebeband, 1 mm und 2 mm stark
- Bastelkleber
- Glas-Halbperlen in Champagner, ø 3,5 mm und 6 mm

PRO EINLADUNG

- Stempel „Meine Eltern und ich …“
- Stempelkissen in Umber
- Embossingpulver in Transparent
- Doppelkarte in Champagner metallic, A5
- Tonpapier in Lederoptik in Lichtbraun und Ivory
- Tonkarton in Graubraun
- Tonkarton in Ivory, 5,8 cm x 6,8 cm
- Tonkarton in Lederoptik in Lichtbraun, 6,3 cm x 7,4 cm
- Tonkarton in Weiß metallic, 6,6 cm x 7,7 cm
- Einlegeblatt: Transparentpapier in Vanille (Zuschnitt 20 cm x 28 cm)

PRO MENÜKARTE

- Stempel „Menü“
- Stempelkissen in Umber
- Embossingpulver in Transparent
- Doppelkarte in Champagner metallic, DIN lang
- Tonkarton in Weiß metallic, 7 cm x 14,4 cm
- Tonpapier in Lederoptik in Lichtbraun, 6,6 cm x 14 cm
- Tonkarton in Ivory, 5,8 cm x 13 cm
- Tonpapier in Lederoptik in Ivory

PRO TISCHKARTE

- Doppelkarte in Champagner metallic, DIN lang
- Tonkarton in Weiß metallic, 6 cm x 6 cm
- Tonkarton in Graubraun, 5,6 cm x 5,6 cm
- Tonpapier in Lederoptik in Lichtbraun, 5 cm x 5 cm
- Tonpapier in Lederoptik in Ivory
- Holzfarbstift in Graubraun

VORLAGE SEITE 44

Tischdeko

1 Diese Tischdekoration ist sehr einfach, geht ganz schnell und hat einen tollen Effekt! Die quadratische Glasschale und die Glaswindlichter mit Kaffeebohnen füllen. Die Exoten und die Kerzen hineinstellen.

2 Die Quadrate aus unterschiedlichen Papieren auf die Mittelachse des Tisches legen und die Glasschale und die Windlichter darauf platzieren.

3 Zuletzt die Wachsperlen auf den Tisch streuen.

Einladung

1 Die Vorlagen für die Blütenblätter mithilfe von Schablonen aus einfachem Papier wie auf Seite 2 beschrieben auf das Tonpapier in Lederoptik in Lichtbraun und Ivory und auf den Tonkarton in Graubraun übertragen und ausschneiden. Diese wie abgebildet mit dem transparenten Klebeband aufkleben. Überstehende Blütenblätter bündig zum Rand hin abschneiden. Die Halbperlen mit dem Bastelkleber in den Blütenmitten fixieren.

2 Den Schriftzug auf den Tonkarton stempeln. Das Textschild mit dem 1 mm starken Schaumklebeband auf das strukturierte Papier kleben. Dieses mit transparentem Klebeband auf dem weißen Tonkarton befestigen. Das fertige Textteil schließlich mit 2 mm starkem Schaumklebeband auf die Kartenvorderseite kleben.

Tipp: Für die Blüten ist es nicht entscheidend, dass alle Blätter identisch sind. Jedoch sollten alle Blütenblätter exakt auf die Blütenmitte zulaufen.

Menükarte

1 Den Schriftzug an den unteren Rand des Tonkartons in Ivory stempeln. Den Karton mit 1 mm starkem Schaumklebeband auf das Papier in Lederoptik und dieses mit transparentem Klebeband auf den weißen Tonkarton kleben. Das fertige Schild mit 2 mm starkem Schaumklebeband auf die Doppelkarte kleben.

2 Aus dem elfenbeinfarbenen Tonpapier in Lederoptik wie bei der Einladung beschrieben eine Blüte anfertigen und wie abgebildet anbringen.

Tischkarte

Für die Tischkarte die Doppelkarte halbieren. Die weitere Gestaltung entsprechend der Anleitung für die Einladungskarte durchführen.

Blüten & mehr

→ strahlend fröhlich

MATERIAL FÜR ALLE KARTEN

- Stempelkissen in Magenta
- Embossingpulver in Transparent
- doppelseitiges, transparentes Klebeband, 3 mm breit
- doppelseitiges Schaumklebeband, 2 mm stark
- Bastelkleber
- gefrostete Acryl-Halbperlen in Pink, ø 6 mm

PRO EINLADUNG

- Stempel „Einladung zu meiner Kommunion“
- Tonpapier in Magenta, A4
- Doppelkarte in Fuchsia, A5
- Tonkarton in Weiß, 4,8 cm x 14,7 cm
- Tonkarton „Starlight” in Hell-Lila, 9 cm x 20 cm
- Tonkarton in Purpurrot, 9 cm x 20 cm und 5 cm x 5 cm
- Tonkarton „Perlmutt“ in Rosa schillernd, 6 cm x 6 cm
- Transparentpapier in Hellgrün, 7 cm x 10 cm
- Einlegeblatt: Transparentpapier in Weiß (Zuschnitt 14 cm x 29 cm)

PRO MENÜKARTE

- Stempel „Menü“
- Doppelkarte in Purpurrot, DIN lang
- Tonkarton „Starlight“ in Hell-Lila, 7 cm x 21 cm
- Transparentpapier in Weiß, 5,5 cm x 12 cm
- Tonkarton „Perlmutt“ in Rosa schillernd, 6 cm x 6 cm
- Tonkarton in Fuchsia, 5 cm x 5 cm
- Transparentpapier in Hellgrün
- Einlegeblatt: Transparentpapier in Rosa (Zuschnitt 20 cm x 20 cm)

VORLAGE SEITE 44

Einladung

1 An den rechten Rand des weißen Kartonstreifens den Schriftzug stempeln.

2 Die Vorlage für die Kirchensilhouette wie auf Seite 2 beschrieben auf den Tonkarton „Starlight“ übertragen. Das Motiv ausschneiden, mit transparentem Klebeband auf den purpurroten Tonkarton kleben und noch einmal so ausschneiden, dass ein schmaler Rand übersteht.

3 Die beiden Blüten ebenso auf magentafarbenen und rosa schillernden Tonkarton übertragen und ausschneiden.

4 Den weißen Kartonstreifen und die Kirche mit transparentem Klebeband wie abgebildet anbringen. Die Blüten mit Schaumklebeband aufkleben, dabei für die größere zwei Lagen verwenden. Die Halbperlen mit dem Bastelkleber befestigen.

5 Die Vorlage für das Gras übertragen - Sie können dafür das Transparentpapier direkt auf die Vorlage legen - und ausschneiden. Die Grasspitzen vorsichtig über einen runden Stift ziehen und damit in eine schwungvollere Form bringen. Das Gras mit einem Streifen des schmalen transparenten Klebebands am unteren Rand auf die Karte kleben.

Einladung
zu meiner
Kommunion
Menü

WEITERFÜHRUNG

Blüten und mehr

MATERIAL ALBUM

- Fotoalbum mit Spirale, Schutzfolie und einem Deckel aus stabilem Karton in Schwarz mit schwarzen Innenblättern, 24 cm x 34 cm
- Tonkarton in Fuchsia, A4
- Tonpapier in Hellgrün, 3 cm x 29,7 cm
- Tonkarton „Starlight" in Hell-Lila, 9 cm x 20 cm und 0,6 cm x 18 cm
- Tonkarton in Purpurrot, 9 cm x 20 cm, 5 cm x 5 cm und 6 cm x 6 cm
- Tonkarton „Perlmutt" in Rosa schillernd, 5 cm x 5 cm und 6 cm x 6 cm
- Transparentpapier in Hellgrün, 7 cm x 10 cm
- Transparentpapier in Weiß, 2 Stücke à 5 cm x 5 cm, 1 Stück à 6 cm x 6 cm und A4 (Zuschnitt für das Schild 4,5 cm x 11 cm)
- 13 gefrostete Acryl-Halbperlen in Pink, ø 6 mm
- doppelseitiges, transparentes Klebeband, 6 mm breit

VORLAGE SEITE 44

Menükarte

1 Den Schriftzug etwas rechts von der Mitte auf das Transparentpapier stempeln. Das Transparentpapier über die Doppelkarte legen, die überstehenden Enden nach hinten knicken und mit transparentem Klebeband befestigen.

2 Unter dem Schriftzug den Streifen Tonkarton „Starlight" mit transparentem Klebeband anbringen.

3 Die Blüten entsprechend der Einladungskarte anfertigen und ankleben.

4 Vom grünen Transparentpapier schmale Streifen, ca. 2 mm breit und 20 cm lang, abschneiden. Die Streifen über einen Messerrücken ziehen, so dass sie sich aufrollen. Jeweils ein Ende mit etwas Bastelkleber unter der linken Blüte befestigen.

Album

1 Auf den Deckel des Albums den Tonkarton in Fuchsia kleben. Den grünen Tonpapierstreifen aufkleben.

2 Das Textschild mit einem Textverarbeitungsprogramm erstellen, ausdrucken und ausschneiden. Es kann problemlos auch ein abweichendes Maß haben und/oder von Hand beschriftet werden. Den linken Rand umknicken und um den „Fahnenmast“ kleben. Die fertige Fahne anbringen.

3 Nun die übrigen Teile – Kirche, Blüten und Gras – wie in der Anleitung für die Einladungskarte beschrieben anfertigen und dekorativ aufkleben.

4 Die Schutzfolie des Albums schützt das ansprechende Deckblatt.

Tipp: Viele Alben sind mit 20 und mehr Innenseiten versehen. Die ersten Seiten können während des Festes von Ihren Gästen gestaltet werden. Daran anschließend bleibt noch viel Platz für die Fotos von der Erstkommunion.

Schnörkellos

→ nicht nur für Jungs

MATERIAL FÜR ALLE KARTEN

- Stempelkissen in Indigo
- Embossingpulver in Transparent
- doppelseitiges, transparentes Klebeband
- doppelseitiges Schaumklebeband, 1 mm und 2 mm stark

PRO EINLADUNG

- Stempel „Einladung mit Kelch“
- Doppelkarte in Wasserblau, Quadrat groß (15,5 cm x 15,5 cm)
- Crinklepapier „Perlmutt“ in Perlblau, 11 cm x 11 cm
- Tonkarton in Classicblue, 7,5 cm x 7,5 cm
- Tonpapier in Wasserblau, 6,7 cm x 6,7 cm
- Tonkarton in Graublau, 6,3 cm x 6,3 cm
- Einlegeblatt: Briefbogen in Wasserblau (Zuschnitt 14,5 cm x 29 cm)

PRO MENÜKARTE

- Stempel „Kelch klein“
- Stempel „Menükarte“
- Doppelkarte in Classicblue, DIN lang
- Crinklepapier „Perlmutt“ in Perlblau, 6,5 cm x 6,5 cm
- Tonpapier in Wasserblau, 5,5 cm x 5,5 cm
- Tonkarton in Graublau, 3,5 cm x 3,5 cm
- Einlegeblatt: Briefbogen in Wasserblau (Zuschnitt 10,5 cm x 21 cm)
- Kordel in Rauchblau, 3 mm stark, 1 m lang

Einladung

1 Das Motiv auf den graublauen Tonkarton stempeln. Dann mit 1 mm starkem Schaumklebeband auf das wasserblaue Tonpapier, dieses mit transparentem Klebeband auf den classicblauen Tonkarton und diesen schließlich mit transparentem Klebeband auf das Crinklepapier kleben.

2 Das komplette Motivteil ebenfalls mit transparentem Klebeband auf der Kartenvorderseite anbringen.

Menükarte

1 Von der Kartenvorderseite einen 3,5 cm breiten Streifen abschneiden.

2 Das Einlegeblatt beschriften, zuschneiden und entsprechend der Abbildung den Schriftzug aufstempeln.

3 Den Kelch auf den graublauen Tonkarton stempeln.

4 Die einzelnen Papiere wie abgebildet mit transparentem Klebeband übereinander kleben; für das Motiv jedoch Schaumklebeband verwenden.

5 Die Kordel um die Karte binden, das Motivteil locker dazwischen stecken und mit einem kleinen Stück Schaumklebeband fixieren. Um das Menü lesen zu können, muss so die Karte nicht geöffnet werden, denn das Einlegeblatt kann problemlos herausgezogen werden.

Menükarte
Einladung

Reagenzglas mit Pralinen

MATERIAL REAGENZGLAS MIT PRALINEN
- Pralinen
- Reagenzglas, 3 cm x 20 cm
- passender Korken oder alternativ Klarsichtfolie
- Stempel „Kelch klein"
- Stempel „Dankeschön"
- Stempelkissen in Indigo
- Embossingpulver in Transparent
- Tonkarton in Classicblue, 3 cm x 12 cm
- Crinklepapier „Perlmutt" in Perlblau, 4 cm x 4 cm
- Tonpapier in Wasserblau, 3 cm x 3 cm
- Voileband in Wasserblau, 4 cm breit, 50 cm lang
- Satinband in Classicblue, 6 mm breit, 50 cm lang
- doppelseitiges, transparentes Klebeband
- doppelseitiges Schaumklebeband, 1 mm stark
- Lackmalstift in Weiß oder Silber

1 Das polierte Reagenzglas mit Pralinen füllen und mit dem Korken verschließen. Leider sind nicht immer passende Korken für Reagenzgläser erhältlich. Alternativ kann das Glas auch mit einem Stück geknautschter Klarsichtfolie verschlossen werden.

2 Den Schriftzug auf den Tonkartonstreifen stempeln. Auf der Rückseite kann das Kommunionkind mit dem Lackmalstift einen persönlichen Gruß und/oder seinen Namen schreiben.

3 Den Kelch auf das wasserblaue Tonpapier stempeln und wie abgebildet frei Hand die Ränder leicht konkav zuschneiden. Das Tonpapier mit transparentem Klebeband auf das Crinklepapier kleben und dessen Kanten ebenfalls nachschneiden. Das fertige Motivteil mit dem Schaumklebeband anbringen.

4 In den oberen Rand des Dankeschildes ein Loch stanzen. Das Voileband um das Reagenzglas knoten und eine schöne Schleife binden. Das Satinband entsprechend der Abbildung um das Glas wickeln, am Ende das fertige Schild festknoten.

Glas mit Pralinen

GLAS MIT PRALINEN
- Pralinen
- Teelichtglas, 7 cm x 7 cm
- Klarsichtfolie
- Band „Twilight" in Classicblue, 2 cm breit, 30 cm lang
- Crinklepapier „Perlmutt" in Perlblau, 7 cm x 14 cm
- Tonkarton in Classicblue, 4 cm x 4 cm
- Tonpapier in Wasserblau, 3 cm x 3 cm und 6,5 cm x 13,5 cm
- doppelseitiges, transparentes Klebeband
- doppelseitiges Schaumklebeband, 1 mm stark

1 Die Pralinen in das Glas füllen und mit Klarsichtfolie einpacken. Zum Verschließen das Band verwenden.

2 Das Crinklepapier zur Doppelkarte falten. Das Tonpapier als Einlegeblatt beschriften, ebenfalls knicken und in die Doppelkarte einlegen. In die linke obere Ecke ein Loch stanzen. Ein Ende des Bandes von der Rückseite durch das Loch ziehen. Da das Band sehr breit ist, genügt das schon, um die Karte zu befestigen.

3 Den kleinen Kelch auf das Tonpapier stempeln, dessen Kanten frei Hand leicht konkav nachschneiden und mit dem transparenten Klebeband auf den Tonkarton kleben. Den dunkelblauen Tonkarton ebenfalls wie abgebildet nachschneiden. Das fertige Motivteil mit Schaumklebeband auf das Dankekärtchen kleben.

Dankeschön

Blumig

→ romantisch-verspielt

MATERIAL FÜR ALLE KARTEN

- Stempelkissen in Farblos
- Embossingpulver in Violett

PRO EINLADUNG

- Stempel „Einladung zur Kommunion“
- Prägekarton „Klassik Perlmutt“ in Hell-Lila, 23 cm x 33 cm
- Tonkarton „Starlight“ in Hell-Lila, 7,5 cm x 25 cm
- Transparentpapier in Weiß, 6,5 cm x 29,7 cm
- selbstklebende Sticker „Blaue Sternchen“
- transparentes Klebeband
- Einlegeblatt: Transparentpapier in Weiß (Zuschnitt 20,5 cm x 29,2 cm)

PRO MENÜKARTE

- Stempel „Menükarte“
- Briefbogen in Champagner metallic, A4
- geprägtes Papier „Blüten“ in Hell-Lila, 9 cm x 20 cm
- Organdyband in Hell-Lila, 4 cm breit, 40 cm lang
- Bürohefter

Einladung

1 Den Strukturkarton auf das Maß A4 schneiden und zur Doppelkarte A5 falten. Alle Angaben beziehen sich auf eine Doppelkarte A5. Das Strukturpapier kann natürlich auch im Originalmaß belassen werden, wenn keine Kuverts verwendet werden sollen. Alternativ eignen sich auch A4-Kuverts, für die die Versandkosten identisch sind.

2 Den Tonkarton entsprechend der Abbildung leicht schräg aufkleben und die überstehenden Enden abschneiden.

3 Den Schriftzug auf das Transparentpapier stempeln. Dieses über die Doppelkarte legen, die Kanten nach hinten knicken und jeweils mit einem Streifen Klebeband befestigen.

4 Die selbstklebenden Blümchen auf dem Transparentpapier platzieren.

Menükarte

1 Das Menü auf den Briefbogen schreiben oder drucken. Den Bogen umdrehen und an den rechten oberen Rand den Schriftzug stempeln.

2 Das geprägte Papier rollen und die Enden mit dem Bürohefter zusammenheften. Den Menübogen rollen und in die Banderole schieben.

3 Das Band um die Rolle knoten.

Tipp: Die restlichen selbstklebenden Blümchen können Sie auf Glaswindlichter kleben. Das ergibt eine hübsche Tischdekoration.

Einladung zur Kommunion
Menükarte

MATERIAL FESTTAGSKERZE

- Stempel „Flügelschlag“
- Stempelkissen in Schwarz (oder einer anderen dunklen Farbe)
- Stumpenkerze in Weiß, 10 cm x 15 cm
- Wachsplatte in Weiß metallic, 6 cm x 13 cm
- Wachsplatte in Transparent, 5 cm x 10 cm
- Wachs-Zierstreifen in Silber, 2 mm breit
- Kerzenpen in Silber
- Metall-Feindüse, ø 0,5 mm
- 6 Strasssteine in Kristall, ø 4,5 mm
- Skalpell mit Schneidematte

KOMMUNIONKERZE

- Stabkerze in Weiß, 3 cm x 50 cm
- Verzierwachsplatte in Silber, 5 cm x 16 cm
- Wachsmotiv „Alpha und Omega“ in Silber, 2,5 cm hoch
- Wachs-Perlstreifen in Silber, 2 mm hoch
- 5 Strasssteine in Kristall, ø 4,5 mm
- Kerzenpen in Silber
- Skalpell mit Schneidematte

VORLAGE SEITE 44

Flügelschlag

→ ganz klassisch in Weiß

Festtagskerze

1 Für die Vorlage den Stempel auf ein weißes Blatt stempeln und gut trocknen lassen. Die transparente Verzierwachsplatte auf die Vorlage legen. Den geschlossenen Kerzenpen mehrfach mit der Spitze auf den Tisch klopfen, damit eventuelle Luftblasen in den hinteren Teil des Stifts steigen. Den Pen öffnen und die Düse aufschrauben, ohne den Kerzenpen umzudrehen. Die Konturen auftragen und einige Stunden trocknen lassen. Das Motiv mit dem Skalpell konturnah ausschneiden.

2 Auf die Kerze die weiße Verzierwachsplatte legen und anpressen. Durch die Handwärme bleibt die Wachsplatte haften.

3 Auf die gleiche Weise das vorbereitete Motivteil anbringen. Mit den Wachsstreifen den Namen schreiben. Sollte der Name länger sein und nicht wie abgebildet auf den weißen Verzierwachsstreifen passen, mit dem mittleren Buchstaben des Namens in der Mitte des Wachsstreifens beginnen, so dass am Ende der Name zwar über den Streifen hinausgeht, aber zentriert ist.

4 Die Strasssteine in das Wachs drücken.

Tipp: Üben Sie den Umgang mit dem Kerzenpen am besten erst auf einem Stück Papier. Wichtig ist auch, die Düse nicht auf die Wachsplatte aufzulegen, sondern knapp darüber entlang zu führen.

Kommunionkerze

1 Die Vorlage für das Kreuz auf die Wachsplatte legen und mit einem Bleistift nachfahren, so dass die Konturen übertragen werden. Das Kreuz mit dem Skalpell ausschneiden, auf die Stabkerze legen und anpressen. Durch die Handwärme bleibt die Wachsplatte haften. Das Alpha und Omega sowie die Verzierwachsstreifen ebenso anbringen. Die Strasssteine in das Wachs drücken.

2 Den geschlossenen Kerzenpen mehrfach mit der Spitze auf den Tisch klopfen, damit eventuelle Luftblasen in den hinteren Teil des Stifts steigen. Unter das Omega die Jahreszahl der Erstkommunion schreiben und einige Stunden trocknen lassen.

ILONA

WEITERFÜHRUNG

Flügelschlag

MATERIAL FÜR ALLE KARTEN

- Stempel „Flügelschlag"
- Stempelkissen in Farblos
- Embossingpulver in Platin
- doppelseitiges, transparentes Klebeband
- doppelseitiges Schaumklebeband, 1 mm stark

PRO EINLADUNG

- Prägekarton „Firenze" in Weiß, 14,7 cm x 29,7 cm
- Transparentpapier in Weiß, 6 cm x 6 cm
- Tonkarton in Weiß metallic, 5 cm x 9 cm
- Voileband in Weiß, 2,5 cm breit, 35 cm lang
- Einlegeblatt: Transparentpapier in Weiß (Zuschnitt 14,2 cm x 29,2 cm)

PRO MENÜKARTE

- Stempel „Menükarte"
- Prägekarton „Firenze" in Weiß, 17,5 cm x 29,7 cm
- Transparentpapier in Weiß, 6 cm x 15 cm
- Tonkarton in Weiß metallic, 9 cm x 12 cm
- Voileband in Weiß, 2,5 cm breit, 50 cm lang
- Einlegeblatt: Transparentpapier in Weiß (Zuschnitt 13,7 cm x 28,7 cm)

PRO DANKESKARTE

- Stempel „Danke für Ihre Aufmerksamkeit"
- Karte in Blütenweiß, A6
- Kuvert in Weiß transparent, A7
- Spiegelkarton in Stahlblau, 4,6 cm x 5 cm
- Tonkarton in Weiß metallic, 4,3 cm x 4,7 cm
- Voileband in Weiß, 1 cm breit, 30 cm lang

Einladung

1 Den Prägekarton zur Doppelkarte falten. Das Motiv auf den Tonkarton in Weiß metallic stempeln und wie abgebildet entlang der Konturen ausschneiden.

2 Das Transparentpapier mit einem Stück transparentem Klebeband in die Mitte der Karte kleben. Das Band doppelt darüber legen und mit einem Stück Klebeband fixieren. Das Motiv mit Schaumklebeband anbringen.

3 Das Einlegeblatt sollte mit einem Stück transparentem Klebeband befestigt werden.

Menükarte

1 Den Prägekarton zur Doppelkarte falten. Das Transparentpapier mit transparentem Klebeband auf der Kartenvorderseite anbringen.

2 Auf den Tonkarton das Motiv und den Schriftzug übereinander stempeln und wie abgebildet ausschneiden. Den Karton mit dem Schaumklebeband aufkleben.

3 Das beschriftete Innenblatt einlegen und das Band um die Menükarte knoten.

Dankeskarte

1 Die Karte zur Doppelkarte falten. Das Motiv wie abgebildet aufstempeln. Die Karten innen beschriften und in das Kuvert stecken.

2 Das Voileband um das Kuvert legen und eine schöne Schleife binden. Den Schriftzug auf den Tonkarton stempeln und mit Schaumklebeband auf den Spiegelkarton kleben. Das fertige Textschild mit zwei Lagen Schaumklebeband über das Band kleben.

MENÜ
KARTE
DANKE
FÜR IHRE
AUFMERKSAMKEIT

Mein Licht

Beschreibung
auf Seite 38/39

alentin
esus sagt:
ch bin das
icht der Welt.

Mein Licht

→ sicher durchs Leben

MATERIAL FÜR ALLE KARTEN

- Stempelkissen in Farblos
- Embossingpulver in Gold
- doppelseitiges, transparentes Klebeband
- doppelseitiges Schaumklebeband, 2 mm stark

PRO EINLADUNG

- Stempel „Licht der Welt“
- Doppelkarte in Bronze metallic, B6
- Tonkarton in Wasserblau, 7 cm x 10,5 cm
- Tonkarton in Champagner metallic, 3,5 cm x 9 cm
- Transparentpapier „Milano“ in Azurblau, 7 cm x 21 cm
- Kordel in Wasserblau, 3 mm stark, 60 cm lang
- Einlegeblatt: Briefbogen in Champagner metallic (Zuschnitt 16 cm x 22 cm)

PRO MENÜKARTE

- Stempel „Licht der Welt“
- Tonkarton in Bronze metallic, 3,5 cm x 9 cm
- Tonkarton in Champagner metallic, 4 cm x 9,5 cm
- Transparentpapier in Vanille, A4
- Crinklepapier „Perlmutt“ in Perlblau, 10 cm x 20 cm
- Voileband in Wasserblau, 2,5 cm breit
- Bürohefter

PRO TISCHKARTE

- Muschel in Elfenbein, ca. 6 cm x 11 cm
- Lackmalstift mit Kalligraphiespitze in Gold

PRO DANKEKARTE

- Stempel „Dankeschön“
- Crinklepapier „Perlmutt“ in Perlblau, 8 cm x 16 cm
- Transparentpapier „Milano“ in Azurblau, 6 cm x 6 cm
- Tonkarton in Champagner metallic, 4 cm x 4 cm
- Einlegepapier: Tonpapier in Wasserblau (Zuschnitt 7,9 cm x 15,8 cm)

TISCHDEKO

- Hyazinthenglas, 12 cm hoch
- Hyazinthenglas, 18 cm hoch
- Kerzen in Elfenbein, 4 cm x 6 cm und 5 cm x 6 cm
- grobkörniger Dekosand in Perlmuttweiß
- Muscheln in Perlmutt
- Voileband in Wasserblau, 2,5 cm breit
- Kordel in Wasserblau, 3 mm stark
- Glasnuggets in Klar irisierend
- Tischläufer und Servietten in passenden Farben

Einladung

1 Das Motiv auf den champagnerfarbenen Tonkarton stempeln und konturnah ausschneiden.

2 Den wasserblauen Tonkarton mit transparentem Klebeband auf die Kartenvorderseite kleben. Den Streifen Transparentpapier über die Karte legen, die überstehenden Enden nach hinten knicken und auf der Rückseite mit Klebeband befestigen. Das Motivteil mit Schaumklebeband anbringen.

3 Das beschriftete Einlegeblatt in die Karte legen und mit der Kordel fixieren.

Menükarte

1 Den Streifen Crinklepapier zu einer Rolle legen und die Enden zusammenheften.

2 Das Motiv auf den bronzefarbenen Tonkarton stempeln, ausschneiden und mit Schaumklebeband auf den champagnerfarbenen Tonkarton kleben. Mit Schaumklebeband auf der Rolle befestigen. Ein Stück Voileband anknoten.

3 Die Speisenabfolge auf das vanillefarbene Transparentpapier drucken oder von Hand aufschreiben, zusammenrollen und in die Crinklepapierrolle stecken.

Tischkarte

Die Muschel mit einem weichen Tuch polieren und den Namen des Gastes mit dem Lackmalstift darauf schreiben.

Dankeskarte

1 Das Crinklepapier zu einer kleinen Doppelkarte falten. Mit einem Stück transparentem Klebeband in der Mitte das Transparentpapier aufkleben.

2 Den Schriftzug auf den champagnerfarbenen Tonkarton stempeln und wie abgebildet die Kanten leicht konkav nachschneiden. Das Textschild mit Schaumklebeband befestigen. Das gefaltete Einlegepapier einlegen.

Tischdeko

1 Das Voileband und die Kordel um die Hyazinthengläser binden. Die Gläser mit Dekosand und Muscheln füllen und die Kerzen hineinstellen.

2 Die Tischläufer so auf dem Tisch arrangieren, dass sich immer die beiden Gäste, die sich gegenübersitzen, einen teilen. Die Glasnuggets über den Tisch verteilen.

Leuchtend

→ farbenfroh in Orange

MATERIAL TISCHDEKO

- Glasleuchter, 25 cm hoch
- Stabkerzen in Orange, 2 cm x 25 cm
- Zylinderglas, 12 cm x 20 cm
- Dekostäbe in Orange, 70 cm lang
- Rattankugel in Orange, ø 12 cm
- verschiedene Bänder in Orange
- Blumen, z.B. Gerbera in Orange
- Dekosand in Orange
- Raindrops (Dekosteine) in Klar, ø 6 mm
- Tischläufer und Servietten in Orange

MATERIAL FÜR ALLE KARTEN

- Stempelkissen in Orange
- Embossingpulver in Transparent
- Motivlocher „Blume", ø 3,5 cm
- Tonpapier in Champagner metallic und Transparentpapier in Lichtgelb (für die Blüten)
- Bastelkleber

PRO EINLADUNG

- Stempel „Einladung zur 1. Heiligen Kommunion"
- Crinklepapier in Orange, 15,5 cm x 32 cm
- Transparentpapier in Orange gestreift, 15,5 cm x 23,5 cm
- Tonkarton in Mandarin, 15 cm x 15,5 cm
- Ripsband in Orange, 6 mm breit, 40 cm lang

PRO DANKESKARTE

- Stempel „Danke"
- Crinklepapier in Orange, 7 cm x 24 cm
- Tonkarton in Mandarin, 7 cm x 11,5 cm
- Ripsband in Orange, 6 mm breit, 40 cm lang

Tischdeko

1 Etwas Dekosand und Wasser in das Zylinderglas füllen. Die Rattankugel darauf setzen und die Dekostäbe hineinstecken. Oben an die Dekostäbe verschiedene orangefarbene Bänder, ca. 40 cm bis 50 cm lang, knoten. Zuletzt die Blumen einstecken.

2 Den bzw. die Tischläufer, die Servietten, die Raindrops und die Kerzenständer auf dem Tisch arrangieren.

Einladung

1 Das Crinklepapier zweimal falten, wobei die Enden etwa in der Mitte der Kartenvorderseite aufeinander treffen sollen. Die Ränder entlang einer Tischkante abreißen, so dass ein etwa 2,5 cm breiter Spalt entsteht. Dabei das Papier nach vorne wegziehen, damit die dabei entstehende, interessante Reißkante nach außen zeigt.

2 Das Transparentpapier unter die Karte legen und die beiden Seiten jeweils nach vorne knicken. Das Transparentpapier kann bei Bedarf auf der Rückseite mit etwas transparentem Klebeband fixiert werden.

KOMMUNION

Leuchtend

3 Den Tonkarton in die Karte legen und den Schriftzug so aufstempeln, dass er durch den Spalt der Einladungskarte zu sehen ist. Der persönliche Einladungstext kann dabei zuvor auf die Rückseite oder links und rechts vom Schriftzug geschrieben werden.

4 Zwei Löcher für das Band stanzen, dieses einfädeln und eine schöne Schleife binden.

5 Aus dem lichtgelben Transparentpapier und dem champagnerfarbenen Tonpapier zwei Blüten stanzen. Die Blütenblätter über einen runden Gegenstand ziehen und damit in Schwung bringen. Die beiden Blüten und eine ausgelochte Blütenmitte aus orangefarbenem Papier auf die fertige Karte kleben.

Dankeskarte

1 Das Crinklepapier zweimal so falten, dass die Enden etwas unterhalb der Mitte der Kartenvorderseite aufeinander treffen. Die Ränder entlang einer Tischkante abreißen und damit einen 4 cm breiten Spalt schaffen. Dabei das Papier nach vorne wegziehen, damit die dabei entstehende, interessante Reißkante nach außen zeigt.

2 Den Tonkarton in die Karte legen. Den Schriftzug so aufstempeln, dass er durch den Spalt der Dankeskarte zu sehen ist. Der persönliche Text oder die Unterschrift des Kommunionkindes kann zuvor auf die Rückseite oder oberhalb des Schriftzugs geschrieben werden.

3 Wie abgebildet zwei Löcher für das Band stanzen, dieses einfädeln und eine schöne Schleife binden.

4 Aus dem lichtgelben Transparentpapier und dem champagnerfarbenen Tonpapier zwei Blüten stanzen. Die Blütenblätter über einen runden Gegenstand ziehen und damit in Schwung bringen. Die beiden Blüten und eine ausgelochte Blütenmitte aus orangefarbenem Papier auf das fertige Kärtchen kleben.

Tipp: Eine passende Menükarte gestalten Sie ganz einfach, indem Sie die Speisenfolge auf ein orangefarbenes Transparentpapier drucken oder schreiben. Dann das Papier zusammenrollen und mit einem oder mehreren orangefarbenen Bändern zusammenhalten.

Einladung zur 1. Heiligen
KOMMUNION

Stilvolle Blumen
Seite 18-24

Blüten & mehr
Seite 23-25

Flügelschlag
Seite 33

Mottos und Bibelsprüche für die Kommunion

Jesus ist das Licht, die Sonne unseres Lebens.
Symbole: Sonne, Sonnenstrahlen, Sonnenblume, Leuchtturm

Ich bin das Licht der Welt. Wer mir nachfolgt, der wird nicht wandeln in der Finsternis, sondern wird das Licht des Lebens haben. (Johannes 8, 12)

Wir sind Kinder im Garten Gottes.
Symbole: Blumen, Gemüse, Obst

Ich bin der Weinstock, ihr seid die Reben. Wer in mir bleibt und ich in ihm, der bringt viel Frucht. (Johannes 15, 5)

Jesus bereitet uns den Weg.
Symbole: Straße, Weg, Füße, Fußspuren, Wegweiser

Ich bin in die Welt gekommen als ein Licht, damit, wer an mich glaubt, nicht in der Finsternis bleibe. (Johannes 12, 46)

Jesus ist das Brot unseres Lebens.
Symbole: Brot, Getreide, Ähren

Ich bin der Weg und die Wahrheit und das Leben; niemand kommt zum Vater denn durch mich. (Johannes 14, 6)

Ich bin das Brot des Lebens. Wer zu mir kommt, den wird nicht hungern; und wer an mich glaubt, den wird nimmermehr dürsten. (Johannes 6, 35)

Mit meinem Gott kann ich über Mauern springen. (Psalm 18, 30)

Sprüche und Bonmots

Die Arbeit läuft nicht davon, während du dem Kind den Regenbogen zeigst. Aber der Regenbogen wartet nicht, bis du mit deiner Arbeit fertig bist. (unbekannt)

Ich wünsche dir, dass sich nicht alles, was du denkst und was du tust, in der Schnelllebigkeit des Alltags verflüchtigt, sondern dass etwas von all dem bleibt und weiterwirkt, über die Grenzen deines Lebens hinaus. (unbekannt)

Tritt ein für deines Herzens Meinung und fürchte nicht der Feinde Spott, bekämpfe mutig die Verneinung, so du den Glauben hast an Gott. (Theodor Fontane)

Die Freiheit des Menschen liegt nicht darin, dass er tun kann, was er will, sondern darin, dass er nicht tun muss, was er nicht will. (Jean-Jacques Rousseau)

Geh nicht nur die glatten Straßen, geh Wege, die noch niemand ging, damit du Spuren hinterlässt und nicht nur Staub. (Antoine de Saint-Exupéry)

Es ist nicht wahr, dass die kürzeste Linie immer die gerade ist. (Gotthold Ephraim Lessing)

Alle Menschen haben Zugang zu Gott, aber jeder einen anderen. (Martin Buber)

Wer Gott aufgibt, der löscht die Sonne aus, um mit einer Laterne weiter zu wandeln. (Christian Morgenstern)

Glaub nicht alles, was man dir sagt, aber glaube, dass alles möglich ist. (unbekannt)

Das Licht der Sonne scheint auf deinen Fenstersims. Dein Herz sei voll Zuversicht, dass nach jedem Gewitter ein Regenbogen am Himmel steht. Der Tag sei dir freundlich, die Nacht dir wohlgesonnen. Die starke Hand eines Freundes möge dich halten, und Gott möge dein Herz erfüllen mit Freude und glücklichem Sinn. (irischer Segen)

Einladungstexte

Liebe Tante Irene,

am Sonntag, den 30. März 2008, nehme ich das erste Mal an der Heiligen Kommunion teil. Ich freue mich sehr, wenn du auch dabei bist.
Der Gottesdienst in der Stephanus-Kirche in Weilheim beginnt um 10 Uhr.
Danach essen wir im Gasthaus „Zum Schwan" zu Mittag.

Viele Grüße
dein Jonas

Liebe Oma, lieber Opa,

am 30. März 2008 feiere ich meine Erstkommunion. Dazu lade ich euch herzlich ein.
Die heilige Messe beginnt um 10 Uhr.
Danach gibt es ein leckeres Mittagessen und Kaffee und Kuchen bei uns zu Hause.
Ich freue mich auf euch!

Liebe Grüße
eure Sofie

Lieber Manfred,

unsere Janina begeht dieses Jahr ihre Erstkommunion. Das wollen wir gebührend feiern!

Der Gottesdienst findet am 6. April 2008 um 10.30 Uhr in der Peter-und-Paul-Kirche in Detmold statt.
Um 12.30 Uhr treffen wir uns danach zum Mittagessen im italienischen Restaurant „Punto Fisso".
Anschließend lassen wir bei uns in der Bismarckstraße 11 bei Kaffee und Kuchen den Nachmittag ausklingen.

Wir freuen uns sehr, wenn du kommst!
Deine Familie Fischer

Sehr geehrte Frau Weiß,

wir freuen uns sehr, dass unser Sohn Friedrich dieses Jahr zum ersten Mal am Sakrament der Heiligen Kommunion teilnehmen wird. Diesen Tag wollen wir gerne mit Ihnen feiern. Der Gottesdienst findet am 6. April 2008 in der Sankt-Anna-Kirche zu Weinheim statt. Ab 15.30 Uhr laden wir Sie zu uns nach Hause in die Amalienstraße 28 zu Kaffee und Kuchen. Wir freuen uns auf Ihr Kommen.

Familie Wagner

Danksagungen

Liebe Tante Irene,

das war sehr schön, dass du mit mir Kommunion gefeiert hast. Vielen Dank auch für das tolle Geschenk, über das ich mich sehr gefreut habe.

Dein Jonas

Lieber Manfred,

herzlichen Dank, auch im Namen meiner Eltern, für die Glück- und Segenswünsche und die schönen Geschenke zu meiner Kommunion.

Janina

Liebe Oma, lieber Opa,

vielen Dank für die guten Wünsche und die schönen Geschenke zu meiner Kommunion. Ihr habt mir eine große Freude gemacht.

Eure Sofie

Liebe Frau Weiß,

meine Erstkommunion war ein ganz besonderer Tag für mich. Schön, dass Sie mit uns gefeiert haben! Herzlich bedanken möchte ich mich auch für die guten Wünsche.

Friedrich Wagner

IMPRESSUM

FOTOS: frechverlag GmbH, 70499 Stuttgart; Fotostudio Ullrich & Co., Renningen
DRUCK: frechdruck GmbH, 70499 Stuttgart

Auflage: 5. 4. 3. 2. 1.
Jahr: 2011 2010 2009 2008 2007 [Letzte Zahlen maßgebend]

ISBN 978-3-7724-3651-2
Best.-Nr. 3651